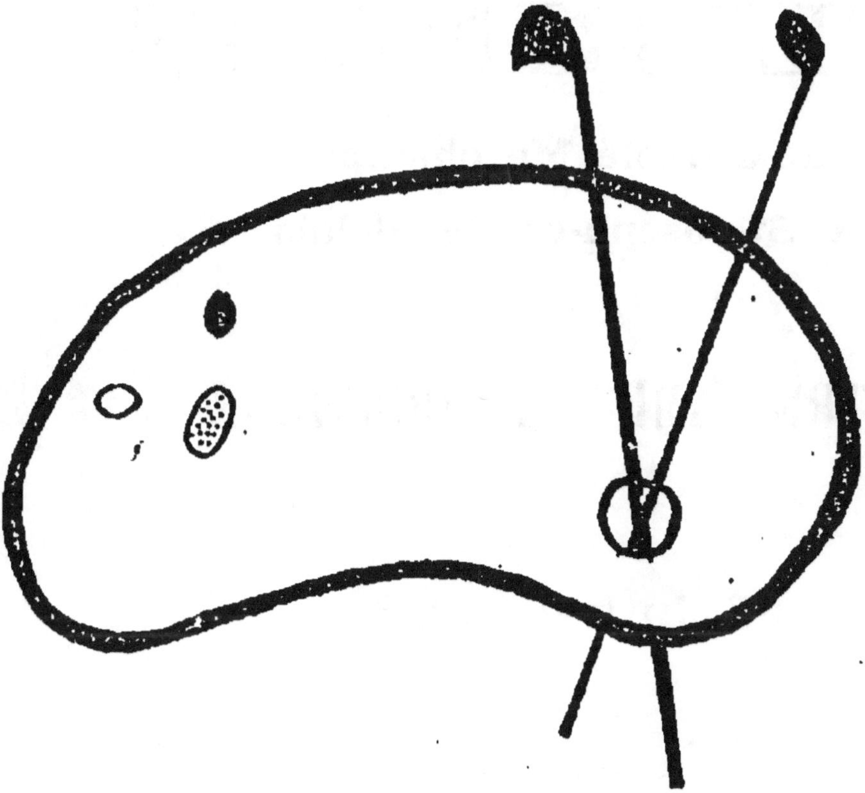

DEBUT D'UNE SERIE DE DOCUMENTS
EN COULEUR

MANUEL-PROGRAMME

DE

PÈLERINAGE

de Quincié, Marchampt

et St-Joseph-en-Beaujolais

A

NOTRE-DAME DE FOURVIÈRE

7 Juillet 1896

LYON

IMPRIMERIE ET LIBRAIRIE DE *LA CROIX*

M. PAQUET

Rue de la Charité 46

—

1896

5746. — Lyon, imp. M. Paquet, rue de la Charité, 16.

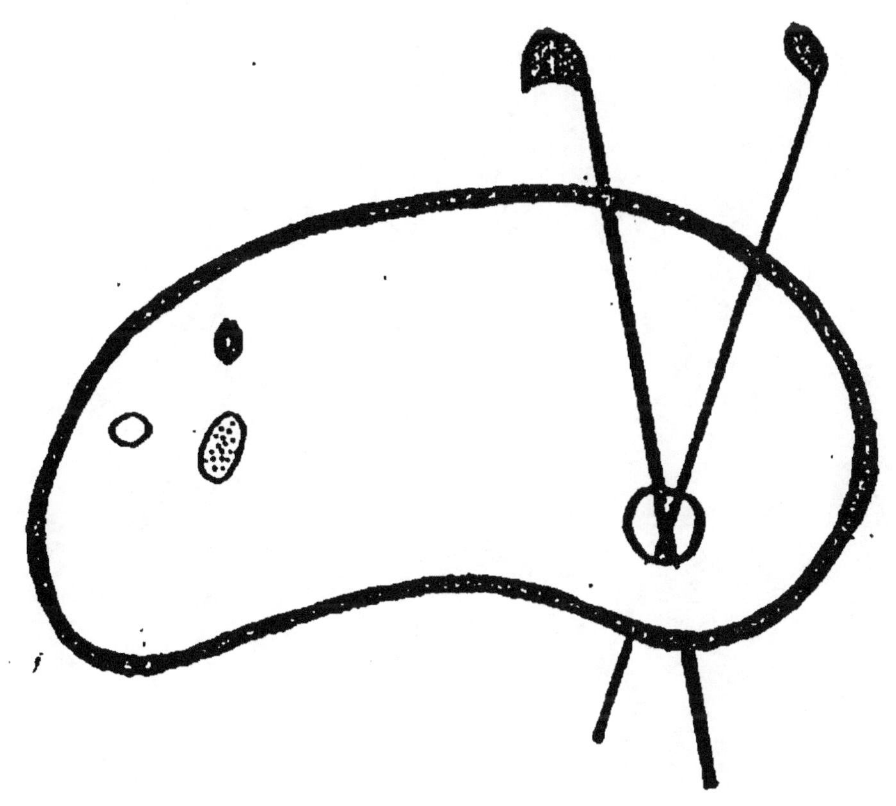

FIN D'UNE SERIE DE DOCUMENTS
EN COULEUR

PÈLERINAGE

A NOTRE-DAME DE FOURVIÈRE

AVIS PRÉLIMINAIRES

Les pèlerins de Saint-Joseph prennent le train à Beaujeu à 5 h. 25.

Ceux de Quinclé et de Marchampt à Durette-Quinclé à 5 h. 33.

Tous devront se trouver à la gare un quart d'heure avant le départ, afin de recevoir leurs insignes et d'entendre les premiers avis nécessaires au bon ordre du pèlerinage.

Il est essentiel de porter son insigne durant tout le trajet en chemin de fer, à l'aller et au retour. On peut le quitter dans les rues de Lyon, mais il faut le remettre à Fourvière. Bien veiller à ne pas le perdre. Les Enfants de Marie porteront ostensiblement leur médaille aux deux Exercices.

Il est recommandé expressément, surtout à ceux qui connaissent peu Lyon, de ne pas trop se séparer du groupe du pèlerinage, tant pour monter à Fourvière que pour se rendre à la gare le soir.

Si quelqu'un était en retard et manquait le soir le train de 7 heures 35 minutes à Lyon-Vaise, il serait contraint par la Compagnie de payer à nouveau place entière.

———————

Tous les pèlerins doivent se souvenir qu'il ne s'agit pas ici d'un voyage de plaisir, mais que nous faisons un vrai pèlerinage à la Bonne Mère de Fourvière, à qui nous allons confier nos intérêts spirituels et temporels, nos familles, nos paroisses, et en particulier, nos pauvres pécheurs; par conséquent que, durant le trajet, et surtout à Fourvière, il règne dans toutes les âmes un grand esprit de prière, de charité mutuelle et de confiance san borne à la Très Sainte Vierge. Qu'il y ait sans doute, une sainte gaîté, mais la Sain Vierge n'agréerait pas nos prières, si nous mêlions la dissipation et une curiosité purement humaine.

Nous allons donc à Fourvière, avant tou pour prier, nous consacrer à Marie et lui con fier nos intérêts du temps et de l'éternité. Plusieurs des pèlerins devront peut-être leur salut à cette humble visite au sanctuaire de l

Bonne Mère. Que tous, donc, s'y préparent par la réception des Sacrements, le plus possible, et y apportent un grand esprit de foi, de piété, de confiance filiale et de prière ardente. Que la Sainte Vierge va être bienfaisante aux cœurs purs et bien préparés !

———

Nous prions tous les pèlerins de répondre fort aux prières, de prêter leur concours pour les chants, et d'être bien exacts à se rendre à l'Exercice du soir, qui aura lieu à trois heures trois quarts.

———

Il faudra quitter Fourvière à six heures au plus tard, pour se rendre à la gare de Lyon-Vaise.

———

EXERCICES ET CANTIQUES

Les pèlerins, à part les infirmes ou les personnes âgées qui ne pourraient monter à pied, devront descendre soit des tramways soit de la Mouche, au pont de la Feuillée, pour monter ensemble à Fourvière par la montée Saint-Barthélemy.

Arrivés au passage du Rosaire, tous se mettent en procession pour se rendre à la Basilique, en chantant le cantique suivant :

1.
Les saints et les anges,
En chœurs glorieux,
Chantent vos louanges,
O Reine des cieux.
Ref. Ave, Ave...

2.
O Vierge Marie,
A ce nom si doux,
Mon âme ravie
Chante à vos genoux.

3.
Comme au temps antique
Chanta Gabriel,
Voici mon cantique,
O Reine du Ciel !

4.
Devant votre image
Voyez vos enfants,
Agréez l'hommage
De leurs premiers ans.

5.
Soyez le refuge
Des pauvres pécheurs,
O Mère du Juge
Qui sonde les cœurs !

6.
Loin de la patrie
Guidez le soldat,
Protégez sa vie
Au jour du combat.

7.
De la tendre mère
Calmez les soucis ;
En vous elle espère,
Rendez-lui son fils.

8.
Vous de l'innocence
L'aimable soutien,
Prenez la défense
Du jeune orphelin.

A l'entrée dans la Basilique chant de l'*Ave, Maris Stella.*

1° **Ave, Maris stella**
Dei Mater alma,
Atque semper virgo,
Félix cœli porta.

Sumens illud Ave
Gabrielis ore,
Funda nos in pace,
Mutans Evæ nomen.

Solve vincla reis,
Profer lumen cœcis,
Mala nostra pelle,
Bona cuncta po ce.
[trem,
Monstra te esse Ma-
Sumat per te preces,
Qui, pro nobis natus,
Tulit esse tuus.

Virgo singularis
Inter omnes mitis,
Nos culpis solutos
Mites fac et castos.

Vitam præsta puram,
Iter para tutum ;
Ut videntes Jesum,
Semper collœtemur.

Sit laus Deo Patri.
Summo Christo decus,
Spiritui sancto,
Tribus honor unus.

2° *Après l'instruction :*

Je veux chanter l'Immaculée

JE SUIS A DIEU, JE SUIS A TOI

Debout, chrétiens ! saluons notre Mère
Dans un élan d'espérance et de foi,
Et poussons tous ce cri d'amour sincère :
« Je suis à Dieu (*bis*), je suis à Toi ! »

1. Je veux chanter l'Immaculée :
    Anges ravis de sa splendeur,
    Inspirez-moi l'hymne sacrée
    Qui de mon cœur monte à son cœur.

2. Je suis à Dieu, c'est un bon Père,
    Il m'a créé pour le bonheur ;
    Je veux passer ma vie entière
    A Le servir de tout mon cœur.

3. Je suis à Toi, Vierge clémente,
    Viens au secours du passager,
    Faible marin dans la tourmente ;
    Guide ma nef loin du danger.

4. Je suis à Dieu ; que sert à l'homme
    De posséder tout l'univers,
    Si, poursuivant un vain fantôme,
    Son âme, un jour, tombe aux enfers.

5. Je suis à Toi ; naissante aurore,
    Heureux espoir de tous mes jours
    La nuit, le soir, le jour encore
    Éclaire-moi, brille toujours.

6. Je suis à Dieu ; de son Église
    je veux garder les saintes lois ;
    Honte au chrétien qui la méprise !
    Gloire à celui qui suit sa voix !

7. Je suis à Toi ; céleste Mère,
    Toi qui souffris tant de douleurs,
    Viens adoucir ma peine amère,
    Lorsque mes yeux versent des pleurs.

8. Je suis à Dieu ; quand de la vie
    Le lourd fardeau pèse à mon cœur
    Jésus me dit : « de la patrie
    « Vois, ô mon fils, vois la splendeur ! »

9. Je suis à Toi ; mystique étoile,
    Dans le chemin luis à mes yeux.
    Sur l'océan guide ma voile,
    Pour que j'aborde au port des cieux.

3° Après l'Elévation.

O Salutaris Hostia

O salutaris Hostia,
Quæ Cœli pandis ostium.
Bella premunt hostilia :
Da robur, fer auxilium.

Uni trinoque Domino
Sit sempiterna gloria ;
Qui vitam sine termino
Nobis donet in patria.
Amen.

4° A la Communion.

Autour de moi

CIEL ! CIEL !

Autour de moi les Anges en silence
D'un Dieu caché contemplent la splendeur.
Anéantis en sa sainte présence,
O chérubins, enviez mon bonheur !

Ciel ! Ciel ! Oh ! quel bonheur !
Oui, c'est mon Dieu, je l'adore.
Ciel ! Ciel ! Oh ! quel bonheur !
Oui, c'est mon Dieu, je lui donne mon cœur.

2.

Je nage au sein des plus pures délices,
Le ciel entier, le ciel est dans mon cœur.
Dieu de bonté, de faibles sacrifices
Méritaient-ils cet excès de bonheur ?

3.

O saint transport ! Vive et douce allégresse !
Bonheur du ciel ! Est-ce vous que je sens !
O plaisirs purs ! délicieuse ivresse ! .
Mon cœur se perd dans vos ravissements.

4.   [mes,

Que vous rendrai-je, ô Sauveur plein de char-
Pour tous les dons que j'ai reçus de vous ?
Prenez ce cœur et recueillez mes larmes.
Double tribut dont vous êtes jaloux.

5.

Je vous adore au dedans de moi-même ;
Je vous contemple, éclairé par la foi :
O Dieu ! mon tout ! ô Majesté suprême !
Je ne vis plus, mais Jésus vit en moi.

5° *Après la Messe :*

Je suis venu

CANTIQUE AU SACRÉ-CŒUR

Je suis venu parmi vous sur la terre
Pour allumer le feu du saint amour,
Et mon désir, ma gloire la plus chère,
Est de le voir embraser ce séjour.

Cœur de Jésus, doux charme de la vie,
Je t'aimerai d'un amour éternel.
Mon cœur brûlant, dans son transport s'écrie :
T'aimer ici, t'aimer un jour au ciel !
Mon cœur brûlant dans son transport s'écrie :
T'aimer ici, t'aimer un jour au ciel !

2.

Si tu savais, enfant, l'amour immense
Qui de mon cœur fait un ardent foyer,
Oh ! tu viendrais, plein de reconnaissance
Et plein d'amour, t'y jeter tout entier.

3.

Cœur de Jésus, tu veux donc que je t'aime,
Pour me gagner, tu m'offres ton amour ;
Quoi, n'es-tu pas pour moi le bien suprême,
O divin Roi du céleste séjour ?

4.

Cœur de Jésus, sous la petite Hostie
Te recevoir est le plus doux plaisir ;
Cœur de Jésus, avec l'Eucharistie,
Nous voulons vivre et nous voulons mourir.

5.

Cœur de Jésus ! ô beauté ravissante ;
Cœur de Jésus ! délicieux séjour ;
Cœur de Jésus ! que mon âme te chante ;
Cœur de Jésus ! sois mon unique amour.

6°   AMENDE HONORABLE

O Jésus, notre Maître, notre Sauveur et
notre Dieu, en ce moment où votre Cœur

sacré nous inonde de ses divines effusions, en ce moment où le pain Eucharistique nous fait vivre de votre vie :

Ici, dans ce sanctuaire qui est le vôtre, et devant le tabernacle où vous résidez :

Ici, dans ce lieu béni où votre Mère Immaculée se plaît à montrer sa puissance : ici où son Cœur miséricordieux nous appelle et nous prodigue les témoignages de son amour.

Nous voulons, humbles pèlerins, publiquement vous remercier de vos bienfaits ; publiquement nous voulons proclamer notre amour pour vous, pour votre Mère, pour votre Eglise, publiquement nous voulons déposer à vos pieds nos promesses et nos résolutions, comme gage d'une fidélité inviolable.

PROTESTATIONS. — Tous les pèlerins doivent répondre : *Ayez pitié de nous,* etc.

1° Des hommes ingrats et impies méconnaissent vos droits, abusent de vos dons pour vous outrager. Leur audace grandit toujours et leurs horribles blasphèmes ne cessent de retentir à nos oreilles attristées.

Ayez pitié de nous, Cœur sacré de Jésus !

2° Votre dimanche est profané ; les fêtes et les solennités de l'Eglise sont méconnues ; vos sacrements sont abandonnés.

Ayez pitié de nous, Cœur sacré de Jésus !

3° La haine de vos ennemis poursuit avec fureur l'Eglise et son chef Infaillible, les évêques et les prêtres, nos pasteurs et nos guides : des sociétés sataniques veulent abolir votre règne.

Ayez pitié de nous, Cœur sacré de Jésus !

4° Nos enfants qui par le baptême sont devenus les vôtres, on veut vous les ravir; on veut empêcher l'Eglise leur mère de leur apprendre à vous connaître, à vous aimer et à bénir votre saint Nom.

Ayez pitié de nous, Cœur sacré de Jésus !

5° Partout autour de nous les mauvais livres, les mauvais journaux offrent à nos âmes et à celles de nos enfants le poison de l'impiété et du vice.

Ayez pitié de nous, Cœur sacré de Jésus !

6° La peur a saisi beaucoup de chrétiens. Effrayés de l'audace des méchants et redoutant la perte de leurs biens temporels, ils rougissent de vous, ô Jésus, de votre Eglise, de votre doctrine et de votre Croix.

Ayez pitié de nous, Cœur sacré de Jésus !

RÉSOLUTIONS. — 1° O Jésus, notre amour, notre Dieu ! nous voulons toujours reconnaître vos droits, proclamer votre empire, bénir votre saint Nom et vous rester soumis à la vie et à la mort.

Nous le jurons, Cœur sacré de Jésus !

2° Nous voulons sanctifier vos dimanches, nous instruire de votre religion, célébrer les solennités de l'Eglise, assister aux offices et puiser souvent dans vos sacrements la force de vivre en vrais chrétiens.

Nous le jurons, Cœur sacré de Jésus !

3° Nous serons soumis d'esprit et de cœur à l'enseignement infaillible de votre Eglise et du Pontife romain votre Vicaire ; nous serons dociles à la voix de notre Archevêque et de nos prêtres.

Jamais nous ne donnerons notre nom aux Sociétés condamnées par l'Eglise et toujours nous combattrons leur influence satanique.

Nous le jurons, Cœur sacré de Jésus !

4° Jamais nos enfants n'entreront dans une école où votre Nom ne serait pas respecté. Tous les soirs nous ferons le catéchisme dans nos familles et la prière en commun comme nous l'ont appris nos pères.

Nous le jurons, Cœur sacré de Jésus !

5° Nous jurons de fermer notre maison à tout livre, à tout journal qui ne serait pas chrétien.

Nous le jurons, Cœur sacré de Jésus !

6° Nous porterons sur nous votre croix, gage de votre amour et signe de notre espérance, et jamais nous ne rougirons de vous, ni de votre doctrine, afin que, devant votre Père, nous n'ayez pas à rougir de nous.

Nous le jurons, Cœur sacré de Jésus !

C'est à vos pieds, Vierge Immaculée, notre Refuge et notre Mère, que nous venons déposer nos résolutions. De vous, nous attendons la grâce d'y être fidèles et, en retour, nous vous promettons d'être à jamais vos fils dévoués ; de porter jusqu'à la mort le saint Scapulaire ; de réciter souvent le chapelet, et dans tous nos combats et nos périls de redire avec amour :

O Marie conçue sans péché, priez pour nous qui avons recours à vous !

(Tiré du Manuel de Rive-de-Gier.)

7°   Cor Jesu Sacratissimum! *miserere nobis.*

Cor Mariæ Immaculatum !
Sancte Joseph, Patrone et Defensor
                   [dulcissime
Sancte Joannes
Sancte Petre

} *Ora pro nobis*

8°. ℣. Oremus pro Pontifice nostro Leone !

℟. Dominus conservet eum et vivificet eum, et beatum faciat eum in terrà, et non tradat eum in animam inimicorum ejus.

9° **Tantum ergo...** *Benediction... Clementissime...*

10°   REINE DE FRANCE

1. Venez, chrétiens, de l'Auguste Marie
A deux genoux implorer les faveurs
Et pour toucher cette Reine chérie
Unissons tous et nos voix et nos cœurs.

Refrain
Reine de France, priez pour nous.
Notre Espérance, venez et sauvez-nous.

Reine de France, priez pour nous.
Notre espérance, Venez et sauvez-nous.
Notre espérance, Venez et sauvez nous.

2. Priez pour nous, sainte Vierge Marie,
Après Jésus, notre espoir est en vous :
Séchez nos pleurs dans cette triste vie,
Reine des cieux, priez, priez pour nous.

3. Priez pour nous : que nos cris de souffrance,
De notre exil s'élèvent jusqu'à vous ;
Exaucez-nous, Mère de l'espérance,
Reine des cieux, priez, priez pour nous.

4. Priez pour nous : Vous êtes notre Mère :
Du Dieu vengeur apaisez le courroux ;
Et quand viendra pour nous l'heure der-
[nière,
Reine des cieux, priez, priez pour nous.

[anges,
5. Priez pour nous : qu'un jour avec les
Mêlant nos voix aux concerts les plus doux,
Nous chantions tous vos bienfaits, vos
[louanges
Reine des cieux, priez, priez pour nous.

Le soir. Rendez-vous à la Basilique, à trois heures trois quarts.

1° Récitation du Rosaire en totalité ou en partie avec chant du *Gloria Patri*.... et d'*Ave Maria*.... après chaque dizaine.

2° Sois fidèle à ton Rosaire.

LE DÉSIR DU CIEL
*Les Sentiments d'un Enfant de Marie
à l'heure de la Mort.*

MARIE
Sois fidèle à ton Rosaire,
Et tu verras ta Mère
Sourire à ton désir :
M'aimeras-tu jusqu'au dernier soupir ?
Jusqu'au dernier soupir ?

L'ENFANT
Ah ! Ah ! je vous l'ai juré,
Ma douce et tendre Mère,
Devant l'autel qui vous est consacré :
Oui, j'aimerai votre Rosaire,
Je l'ai juré,
Je l'ai juré.

MARIE
NOTA. — *On répète à chaque strophe :* Sois
fidèle, etc. en changeant le dernier vers :
Dis, mon enfant, si tu voudrais mourir !

L'ENFANT
Ah ! je voudrais quitter l'exil de cette vie ;
Comment, hélas ! vivre si loin de toi !
Oh ! dans le ciel, tendre Marie,
Emmène-moi,
Emmène-moi.

MARIE
Dis, mon enfant, pourquoi veux-tu mourir ?

L'ENFANT
Ah ! je voudrais quitter l'exil de cette terre
Pour voir Jésus, ma joie et mes amours,
Et pour aimer ma tendre Mère !
Toujours ! Toujours !
Toujours ! Toujours !

MARIE
Dis, mon enfant, comment veux-tu mourir ?

L'ENFANT   [Mère ;
Ah ! je voudrais mourir dans vos bras, ô ma
Mourir caché dans votre divin cœur ;
Mourir d'amour pour le Rosaire.
Oh ! quel bonheur !
Oh ! quel bonheur !

MARIE
Dis, mon enfant, comment veux-tu mourir ?

L'ENFANT
Ah ! je voudrais mourir comme vous, ô Marie !
Mourir d'amour pour Jésus mon Sauveur,
En recevant la sainte hostie !
Ah ! quel bonheur !
Ah ! quel bonheur !

MARIE
Dis, mon enfant, quand voudrais-tu mourir ?

L'ENFANT
Ah ! je voudrais quitter l'exil de cette vie
Dans un des jours qui vous est consacré,
Pour mieux fêter dans la patrie
Ce jour sacré !
Ce jour sacré !

3° **Esprit divin, venez en nous...**
4° **Sermon...**

5°   **Je mets ma confiance**

1.   Je mets ma confiance,
     Vierge, en votre secours ;
     Servez-moi de défense,
     Prenez soin de mes jours.

Chœur.

Et quand ma dernière heure
Viendra fixer mon sort,
Obtenez que je meure
De la plus sainte mort.

2.   A votre bienveillance,
     O Vierge, j'ai recours ;
     Soyez mon assistance
     En tous lieux et toujours.

3.   Vous-même êtes ma Mère,
     Jésus est votre Fils :
     Portez-lui la prière
     De vos enfants chéris.

4.   Ah ! soyez-moi propice
     Quand il faudra mourir ;
     Apaisez sa justice
     Que je crains de subir.

5.   Mère pleine de zèle,
     Protégez votre enfant ;
     Je vous serai fidèle
     Jusqu'au dernier instant.

6.   Je promets pour vous plaire,
      O Reine de mon cœur,
      De ne jamais rien faire
      Qui blesse votre honneur.

7.   Je veux que par hommage
      Ceux qui me sont sujéts,
      En tous lieux, à tout âge,
      Prennent vos intérêts.

6° Consécration à N.-D. de Fourvière

1. — O Notre-Dame de Fourviere, ô notre bonne Mère, Vierge Marie, Vierge pleine de grâce, Mère d'amour et de miséricorde, nous sommes à vos pieds pour vous consacrer nos personnes, nos familles, nos paroisses, notre chère patrie.

Notre-Dame de Fourvière, écoutez-nous, exaucez-nous.

Tous : **N.-D. de Fourvière, exaucez-nous.**

2. — Nous vous consacrons les pécheurs. Nous avons des pères, des frères, des sœurs, que Satan retient sous son joug cruel. Cet ennemi et le vôtre les enrôle dans des sectes impies, pervertit leurs âmes dans le libertinage. Les malheureux, aveuglés, blasphèment le nom de votre divin Fils, profanent le saint jour du Dimanche, s'enfoncent tous les jours plus profond dans les crimes et le vice. Ils sont perdus, si vous ne les ramenez à leur Dieu.

Notre-Dame de Fourvière, convertissez nos
pécheurs.

Tous : **N.-D. de Fourvière, convertissez
nos pécheurs.**

3. — Nous vous consacrons nos petits enfants et nos jeunes gens. L'enfer voudrait
effacer en leur âme le caractère sacré du
baptême, les arracher au Cœur Sacré de votre
Jésus en les éloignant des religieux, des
religieuses et des prêtres qui les aiment avec
tant de dévouement et les entourent de leur
sollicitude.

Notre-Dame de Fourvière, gardez nos enfants, gardez notre jeunesse.

Tous : **N.-D. de Fourvière, gardez nos
enfants, gardez notre jeunesse.**

4. — Nous vous consacrons nos malades,
nos infirmes, nos affligés et nos vieillards.

Obtenez pour eux de votre Divin Crucifié la
patience qui changera leurs larmes en perles
précieuses, et la ferme espérance qui leur
redira sans cesse les consolations éternelles.

Notre-Dame de Fourvière, consolez nos
affligés.

Tous : **N.-D. de Fourvière, consolez nos
affligés.**

5. — Nous vous consacrons nos absents. Ils
sont restés au foyer, bien envieux de notre
sort ; ils sont là de cœur avec nous dans votre
temple magnifique. Toutes les prières, toutes
les choses pleines de confiance dont ils nous

ont chargés, nous les déposons dans votre Cœur de Mère.

Notre-Dame de Fourvière, priez pour nos absents.

Tous : **N.-D. de Fourvière, priez pour nos absents.**

6. — Nous vous consacrons nos biens, et en particulier nos vignobles et nos récoltes. Si nous vous demandons de les préserver des épidémies, de la sécheresse et des orages, c'est que nous voulons en faire usage en chrétiens désintéressés, en humbles économes, toujours préparés à rendre compte au Père de famille.

Notre-Dame de Fourvière, bénissez nos campagnes.

Tous : **N.-D. de Fourvière, bénissez nos campagnes.**

— Nous osons vous rappeler, ô Mère, le beau diocèse de Lyon, dont vous êtes la Reine, et que nous représentons en ce jour à vos pieds. Veillez, veillez, sur ce diocèse ; bénissez notre Archevêque, votre fils bien-aimé. Il consacrait naguère ce sanctuaire incomparable. Du haut de votre colline, bénissez le diocèse de Lyon, bénissez notre Archevêque.

Tous : **N.-D. de Fourvière, bénissez notre diocèse, bénissez notre Archevêque.**

8. — Mais, souvenez-vous, ô Marie, que de cette colline vous avez bien souvent, l'his-

toire nous l'atteste, porté secours à notre chère patrie. Notre-Dame de Fourvière, vous êtes vraiment la Reine de la France. O vous qui l'avez si souvent visitée en notre siècle, couronnez la série de si grands bienfaits en arrachant ce peuple que vous aimez à l'impiété qui l'enchaîne, à l'immoralité qui le décime et l'asservit.

O Notre-Dame de Fourvière, priez, priez pour la France.

Tous : **O N.-D. de Fourvière, priez, priez pour la France.**

9. — Nous ne saurions oublier non plus l'Eglise catholique dont vous êtes la Mère admirable. Conduisez-la dans sa grande mission auprès de tous les peuples. Protégez son auguste chef, Léon XIII, le Pape du Rosaire.

Notre-Dame de Fourvière, protégez le Pape et l'Eglise.

Tous : **N.-D. de Fourvière, protégez le Pape et l'Église.**

10. — Nous nous consacrons à vous, Vierge secours des chrétiens, nous tous ici présents, qui aimons à vous invoquer dans vos sanctuaires dominant nos montagnes beau-jolaises. Nous venons déposer au pied de votre trône immaculé le tribut de notre amour, de notre reconnaissance, de notre admiration, de nos louanges. Nous serons toute notre vie ce que nous sommes aujourd'hui, vos enfants aimants, les dévoués imitateurs

de vos vertus. Nous le promettons, nous le jurons.

Notre-Dame de Fourvière, recevez nos serments.

Tous : **N.-D. de Fourvière, recevez nos serments.**

11. — En retour, bonne Mère, ouvrez nous vos bras, cachez-nous dans votre cœur, obtenez nous, de Jésus-Christ, grâce et pardon, force dans les tentations, courage dans les dangers, saint usage de la vie, persévérance et bonne mort.

O bonne Mère, gardez-nous, bien près de vous et de Jésus votre Fils, une place au paradis.

Notre Dame de Fourvière, sauvez-nous, sauvez-nous, sauvez-nous.

Tous : **N.-D, de Fourvière, sauvez-nous, sauvez-nous, sauvez-nous.**

Ainsi-soit-il.

(Tiré du Manuel de Tarare)

7°   **O ! sanctissima O piissima !**
    Dulcis Virgo Maria !
    Mater amata, intemerata } *bis* .
    Ora *(bis)* **pro nobis**

8°   **Oremus pro Pontifice... Tantum ergo...**
    Bénédiction. Clementissime.

9°   **Nous voulons Dieu**

Nous voulons Dieu, Vierge Marie
Prête l'oreille à nos accents,
Nous t'implorons, Mère chérie,
Viens au secours de tes enfants.

    Bénis ô tendre Mère
    Ce cri de notre foi,
Nous voulons Dieu, c'est notre père, } bis.
Nous voulons Dieu, c'est notre roi, }

2. Nous voulons Dieu ! ce cri de l'âme
Que nous poussons à ton autel,
Ce cri d'amour qui nous enflamme,
Par Toi qu'il monte jusqu'au ciel.

3. Nous voulons Dieu ; car les impies
Contre lui se sont soulevés,
Et dans l'excès de leurs furies
Ils le bravent, les insensés !

4. Nous voulons Dieu dans nos familles,
Dans l'âme de nos chers enfants ;
Qu'il règne au cœur et de nos filles
Et de nos fils obéissants.

5. Nous voulons Dieu dans nos écoles,
Afin qu'on enseigne à nos fils
Sa loi, ses divines paroles
Sous le regard du Crucifix.

6. Nous voulons Dieu ! —.de sa loi sainte
Jurons d'être les défenseurs,
De le servir libres, sans crainte ;
Jusqu'à la mort à Lui nos cœurs !

7. Nous voulons Dieu ! — que sa clémence
    Exauce nos ardents désirs ;
    S'il faut du sang pour ta défense,
    Seigneur, nous serons tes martyrs !

8. Chrétiens, notre antique alliance,
    Renouons-la dans ce saint lieu,
    Et crions au nom de la France :
    « Oui, Dieu le veut, — Nous voulons Dieu. »

Sub tuum præsidium, Virgo Immaculata !

————

A la fin, se retirer dans le même ordre qu'à l'arrivée par le chemin du Rosaire, en chantant « Les Saints et les Anges » avec *Laudate Mariam.*

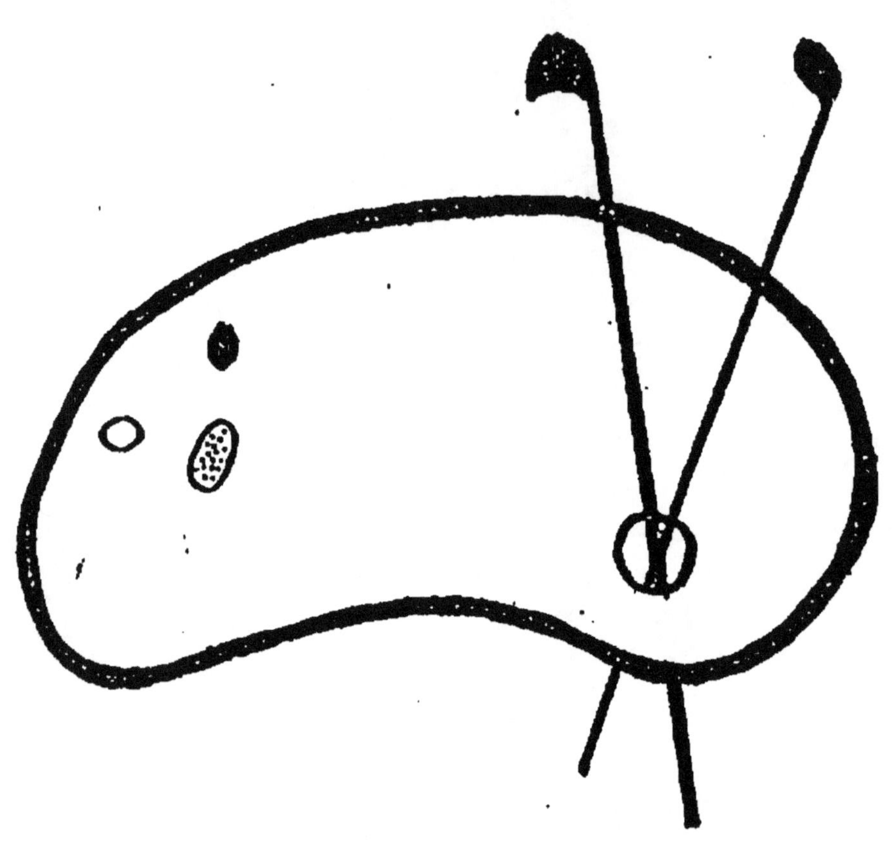

ORIGINAL EN COULEUR
NF Z 43-120-8